मेरे एहसास

Ruchi Gupta

BookLeaf Publishing

Presentation by *BookLeaf Publishing*

Web: www.bookleafpub.com

E-mail: info@bookleafpub.com

ISBN: 9789357747189

First edition 2023

मैं उन सबका दिल की गहराइयों से धन्यवाद करना चाहती हूँ, जिन्होंने अपना कीमती समय देकर मेरी कृतियों का पठन किया और लेखन के लिए उत्साहित किया। मेरे समस्त परिवार, मित्रगण एवं शुभचिंतकों ने मेरा मनोबल बढ़ाकर मेरा मार्गदर्शन भी किया। इन रचनाओं का श्रेय इन सभी को देते हुए मैं हृदय से सबका अभिनन्दन करती हूँ और आशा करती हूँ कि भविष्य में भी आप सबका सहयोग और स्नेह इसी भाँति मिलता रहेगा।

ACKNOWLEDGEMENT

मैं तहे दिल से आभार व्यक्त करती हूँ उन सभी माननीयों का, जिनकी हौसलाअफजाई के चलते मैंने कलम उठाई और स्याही से रंग दिया कोरे कागज़ को।आपकी प्रेरणा मुझे भविष्य में भी प्रेरित करती रहेगी। इसी विश्वास के साथ ये रचनायें आप सब को समर्पित करती हूँ।

PREFACE

कागज़◌़, कलम आपके अच्छे दोस्त हैं और आपके एहसासों को अल्फाज़ो का तोहफा दे देते हैं। इसी नेमत के चलते मैंने कुछ रचनायें लिखी हैं।ये रचनायें समय- समय पर मेरे मन में आये भावों के उद्दगार हैं। ये रचनाये नारी की भावनाओं पर भी हैं तो कोरोना की विषमता पर भी ,

पर्व की शुभकामनाऐं हैं तो इनमें रिश्तों की विभिन्नता भी ।सपनों का संसार भी है और होसलों की उड़ान भी। देश पर भी लिखा है कुछ और लिखा है दर्द पर भी कुछ। ये कलम से निकले शब्द भी है और दिल से निकले जज़्बात भी।

कोमल या सशक्त हूँ

शायद तुम्हारी नज़रों में आज भी बस एक
सुकोमल सी नारी हूँ,
पर बताओगे मुझे,मैं कब किसी से हारी हूँ ।
हँसते-हँसते सह जाती हूँ,वंश बढाने की वो असहनीय
पीड़ा,
बडे चाव से उठाती हूँ परिवार के पालन-पोषण का
बीड़ा,
अपने स्त्रीतव से मैं पुरुषत्व पर भारी हूँ,
शायद तुम्हारी नज़रों में आज भी सुकोमल सी नारी
हूँ ।
अपना सब कुछ पीछे छोड़ दिया
अनदेखे अनजानों से नाता जोड़ लिया,
अपनी प्रार्थनाओ में भी अपना अस्तित्व खो दिया,
अब तुम्हारी आकांक्षाओं पर ही वारी हूँ,
शायद तुम्हारी नजरों में आज भी बस एक
सुकोमल सी नारी हूँ ।

घर का मान भी मैं हूँ,परिवार का अभिमान भी मैं हूँ,
संस्कार भी मैं हूँ और पहचान भी मैं हूँ,
सम्बल भी मैं हूँ और संयम भी मैं हूँ,
मैं कहाँ बस तुम्हारी एक ज़िम्मेदारी हूँ,
शायद तुम्हारी नज़रों में आज भी बस एक
सुकोमल सी नारी हूँ ।

सरस्वती,दुर्गा,लक्ष्मी,राधा,सीता नाम है मेरे,
मैं शक्ति की अवतारी हूँ,
हर बार रहती मुझे आशा के उजालो की प्रतीक्षा,
रात के अंधियारों से कब हारी हूँ,
मैं कहाँ कब किसी से हारी हूँ,
ना मैं लाचार,बेबस,बेचारी हूँ,
शायद समाज की नज़रों में आज भी बस एक
सुकोमल सी नारी हूँ
सुकोमल सी नारी हूँ,
सुकोमल सी नारी हूँ

बहानें जीने के

क्यूं ना ज़िंदगी जीने के बहाने तलाश लें,
आओ, हम तुम मुस्कुराने के बहाने तराश ले,
पतझड़ में गिर गये शाखों से पत्ते तो क्या,
बसंत आने में लगेगा अभी समय तो क्या,
अब हम तुम ही इस मरुस्थल को इन्सानियत से
संवार ले,
क्यों ना ज़िंदगी जीने के बहाने तलाश ले,
आओ हम तुम मुस्कुराने के बहाने तराश ले ,
क्यों इन्तज़ार रहे होली और दीवाली का
क्यों ना हर दिन मिलन हो इन्सानो से इन्सानो का
आओ, हम तुम ही प्यार से एक दूजे को पुकार ले,
क्यों ना ज़िंदगी जीने के बहाने तलाश ले,
आओ, हम तुम मुस्कुराने के बहाने तराश ले,
बोली में मधुरता हो, व्यवहार में हो कोमलता का
स्पर्श,
जब प्यार की जमी पर सौहार्द की किरणों से तपता हो
तरश,
आओ, हम तुम एक दूजे में रब तलाश ले,
प्यार के हमसफर बन,खुशी के तराने तराश ले,
क्यों ना ज़िंदगी के बहाने तलाश ले,
आओ हम तुम मुस्कुराने के बहाने तराश ले,
आओ, हम तुम मुस्कुराने के बहाने तराश ले!

रंगो के पर्व पर

कान्हा ने खेली होली जैसी राधा के संग,
शिव और पार्वती ने लगाया जैसे एक दूजे को रंग,
यूँ ही इस फाल्गुन में हो मन से मन का मिलन,
प्रेम का उड़े गुलाल और वत्सल के जल में भीगे ये
तन।
टेसू के फूलों के रंग में रंग जाए ये धरा और गगन,
सा-रा-रा के सुर में हवा बहे मगन।
तन के विकार होलिका दहन में जल जाये,
और मन के क्लेश प्रीत के रंगो में धुल जाए।
हर वर्ष रंगो का त्यौहार खुशी खुशी मनाये,
आप सबकी होली शुभ हो, करते हैं, दिल से कामनाएँ ।

ऐ ,धूप तुम आना

ऐ धूप ,तुम मेरे आंगन में फुर्सत से आना,
तुम्हारी गर्माहट में बैठ कुछ बातें करेंगे,
कुछ मन का तो कुछ टोपी मफलर उतार कर तन का
बोझ हल्का करेंगे ।
ऐ धूप ,तुम मेरे आंगन में फुर्सत से आना,
तुम्हें आते देख ,दादी माँ आचार की गाजर मूली
सुखाने ले आयेंगी,
और मेरी माँ गीले कपड़ो को रस्सी पर सुखाती हुई,
तुम्हे खरी खोटी सुनाएगी,
पर तुम बुरा मत मानना ।
ऐ धूप ,तुम मेरे आंगन में फुर्सत से आना,
तुम्हे आते देख, कुछ मेरी सखियाँ भी चली आयेंगी,
गर्म चाय के साथ गर्मागर्म पकौड़ों का लुत्फ भी
उठाएंगी,
कुछ तुम से पर्दा कर, अपना मुंह ढक कर तुम्हे पीठ
दिखाएगी,
पर तुम बुरा मत मानना,
ऐ धूप ,तुम मेरे आंगन मे फुर्सत से आना ।
तुम्हे आते देख, पूरा परिवार आंगन मे आयेगा,
जिसे जहां जगह मिलेगी, वहीं बैठ जायेगा,
मूंगफलियां खाकर छिलकें ईधर-उधर फैलायेगा,
बहुत दिनो के बाद निकली आज धूप, फिर यही तानें
दोहरायेगा,
पर तुम बुरा मत मानना ।
ऐ धूप ,तुम मेरे ऑगन मे फुर्सत से आना ,

क्योंकि, तुम हो तो मेरे आंगन की तुलसी हरी है ,
तुम हो तो मेरी थाली दादी माँ के आचार से सजी है,
तुम हो तो मेरा परिवार साथ समय बिताता है ,
तुम हो तो मेरे आंगन मे सखियों के ठहाके हैं ,
तुम हो तो मेरे आंगन मे जीवन की चहल पहल है,

ऐ धूप ,तुम मेरे आंगन मे फुर्सत से आना,
फुर्सत से आना ।

जब जी पर गुजरे

जिसके जी पर गुज़रें, वही जाने
सावधानी बरतो, दो लफ़्ज़ों का इस्तेमाल और हो
जाती है हमारी ज़िम्मेदारी पूरी,
बना लेते हैं हम अपनो से भी दूरी।
जो इस कुछाया के सायें में है जरा उनसे भी पूछो
उनकी मजबूरी।
कितना मुश्किल होता होगा, माँ को मन सम्भालना ,
ईश्वर से रात दिन मांगती होगी, मेरे परिवार पर ये
ऑच ना आये।
घर की सारी ज़िम्मेदारी स्वयं ही सम्भाल ली, बाहर
से ये बीमारी कोई घर ना ले आये।
पिता भी मन ही मन घबराते हैं ,
पर बाहर से हिम्मत का ढोंग रचाते हैं,
क्या करें, उनकी माँ भी तो उन्हे कसम देती है, तू
बाहर नहीं निकलेगा, रो- रो कर दुहाईया देती है।
मन्नत के दीप जला कर बैठे हों जब आस में, और
सुनायी देती हो सांसो की खरखराहट जब कहीं पास
में, धक् से रह जाता होगा मन ।
बढ़ जाती होगी जाने कितनी ही उलझन ।
दिन भर पहरेदार होगी, रात को उठ-उठ कर सबका
माथा छूती बेचैन होगी।
नसीहतें तो बेहिसाब होंगी, ना दिन को चैन होगा, ना
रात की नींद होगी।
उनसे पूछो उनके जी पर क्या गुज़रती होगी,
आशा की लौ कितनी बार टिमटिमाती होगी,
जरा उनसे भी पूछो उनके जी पर क्या गुज़रती होगी।

संगरोध

कभी नहीं सोचा था कि ऐसा दिन भी आयेगा
सुशिक्षित, सक्षम और सम्बल मानव यूँ इस तरह
घबरायेगा।
जंग छिड़ी है जीवन और मृत्यु की,
बात नहीं ये हास और परिहास की,
ना जाने कितनी जानें लील गया,
और क्या गत बना दी है इसने आज देश और विदेश
की ।
गतिरोध,अवरोध जैसे शब्द बहुत बार उच्चारित होते
थे,
संगरोध का उच्चारण तो ये विषाणु सीखा गया,
अपितु इसका प्रयोग भी घर-घर में करा गया ।
समझ नहीं आता सकारात्मक पक्ष लिखूं या
नकारात्मक,
अजीब कशमकश में हूँ,
बार बार घर से दूर रहने वाले को घर की अहमियत
समझा गया ।

कम में भी ज़िंदगी का गुज़ारा हो जाता है,
ज़रूरत नहीं ख़्वाहिशों का अम्बार लगाने की
स्वयं पर ही स्वयं का नियंत्रण हो,
फिर आवश्यकता नहीं पडेगी संगरोध लगाने की।
चारों तरफ खुशियों का बसेरा हो,
स्वास्थ्य, उन्नति और प्रगति का डेरा हो,
परिवार के संग रहें सब खुशी-खुशी,
ना संगरोध की मजबूरियों का पहरा हो ।
सभी के स्वास्थ्य की मंगल कामनाओ के साथ

हे भोले भण्डारी

हे भोले भण्डारी, ये सृष्टि पहले भी तुमने बचाई है,
आज फिर तुम्हारी ओर तक रहे, तुमसे ही आस लगाई
है ।
समुद्र मंथन से निकले विष को कर अपने कंठ मे
धारण,
बन कर महाकाल तुम करते रहे इस धरती का
संरक्षण।
रौद्र रूप से अब रूद्र रूप धरो,
हे शंकर , धरावासीयो की विनती सुनो ।
विष स्वयं पान कर अमरत तुमने बांट दिया ,
इस विशाल सृष्टि को तुमने जीवन दान दिया।
मानव जीवन पर फिर संकट गहराया है,
मृत्यु का भय चारो ओर छाया है।
तुम कपाट बन्द कर ना भीतर बैठ जाओगे ,
भक्तो की विनती सुन, ज़रूर मदद को आओगे ।
इस सृष्टि को पहले भी तुम्ही ने बचाया था,
आज भी तुम्ही बचाओगे।
हे भोले भण्डारी , सृष्टि तुम्ही बचाओगे,
सृष्टि तुम्ही बचाओगे।

कभी-कभी

कभी-कभी कागज़ों पर यूं ही स्याही बिखेर देते हैं,
और कभी-कभी खुद को खुद से ही पढ़ लेते हैं,
शुक्र है, दिमाग को दिल का रास्ता काटने नहीं देते हैं,
अपनी फितरत को मौसम से भी कुछ सीखने नही देते हैं,
दिल में उठे जज़्बातों को यूँ ही कह देते हैं,
दिमाग में पनपी फ़िज़ूल सी अक्लमंदी को जगह नहीं देते हैं,
कभी-कभी कागज़ों पर यूं ही स्याही बिखेर देते है,
ज़माना नापता रहे अक्लमंदी का पैमाना,
अपने अल्हड़ से बचपन को जाने नहीं देते हैं,
कभी-कभी कागज़ पर यूं ही स्याही बिखेर देते हैं ---
अपनी दुनिया अपना जहाँ अपनी मस्ती अपनी हस्ती,
क्या फर्क पड़ता है कितने लोग अपना साथ देते हैं,
मस्त हूँ अपने मिजाज से, हवाओं की जलन से भी अनजान नहीं
पर सच्चे खैरखवाह इन हवाओं का भी रुख मोड़ देते हैं,
कभी कभी कागज़ पर यूं ही स्याही बिखेर देते हैं ---
जब रकीब और हबीब की गंध दिमाग को दूर से ही आती हो,
बावजूद इसके दिल को दिमाग का रास्ता काट जाने देते हैं,
कभी कभी कागज़ पर यूं ही स्याही बिखेर देते हैं,
कभी कभी खुद को खुद से ही पढ़ लेते हैं -
कभी कभी कागज़ पर यूं ही स्याही बिखेर देते हैं

रहमतों के काफिलें

ऐ, ख़ुदा क्या ज़िक्र करुँ तेरी अदाओं का,
तेरी रहमतों के काफिले बार-बार निकले ।
क्या गिला शिकवा करुँ किसी की दुश्मनी का ,
दुनिया की इस भीड़ में
दुश्मन मेरे चंद और दोस्त हजार निकले ।
यूँ तो बहारों में गुलज़ार हुआ करते हैं चमन, पतझड़
में भी बसंत का मौसम बने,
राह में बिछे जब काँटें , तो फूल बिछाने को हाथ
बेहिसाब निकले।
तूफ़ान का सा शोर उभरता था, लहरें भी उफान पर थी,
भंवर में फंसी जब मेरी नैया
तो खेवनहार बेशुमार निकले।
ऐ,खुदा तेरी रहमतों के काफिले बार बार निकले।
बार-बार निकले, बा-बार निकले ।

तुम्हें देखकर

तुम्हें देखकर कुछ लिखने का मन कर रहा है,
पर दिमाग शब्दों के ताने -बाने बुनने से मना कर रहा है,
दिल को समझाऊँ या दिमाग की सुनु,
इसी कशमकश में दिन गुज़र रहा है, तुम पर लिखने का मन कर रहा है ...
तुम सोज से ओतप्रोत, जुल्फे बिखरायें बैठे हो,
यही देख देख, ह्रदय मेरा हिलोरे ले रहा है, तुम पर लिखने का मन कर रहा है ...
दिल और दिमाग की उलझन में फंसी, उस पर शब्दों का आभास कम,
पर फिर भी जज़्बातों को नया आयाम मिल रहा है,
तुम पर लिखने का मन कर रहा है ...
सच है, सादगी से बढा कोई श्रृँगार नही,
शायद यह एहसास मेरी कलम को भी हो रहा है,
तुम्हे देखकर कुछ लिखने का मन कर रहा है,
पर दिमाग शब्दो के ताने बाने बुनने से मना कर रहा है ...
तुम्हे देखकर कुछ लिखने का मन कर रहा है

शर्म

शर्म को शर्मसार होते देखा
इन्सानियत को मारते इन्सानों को देखा
जो सिखा रहे दूसरों को मेहमान नवाजी का पाठ,
उन्हें मुफ़्तखोरी का लुत्फ उठाते देखा
सुना था बेगैरत को भी गैरत होती है,
बड़े बड़े शर्म दारों को बेशर्म होते देखा
सच कहने सुनने की हिम्मत कहाँ ,
झूठ के मीतों को एक होते देखा
जलन की आग में जमीर मार चुके अपना
ऐसे जिन्दा इन्सानों की लाशों को देखा
शर्म को शर्मसार होते देखा
शर्म को भी शर्मसार होते देखा

मेरा राष्ट्र

जिस जमीं का सरमाया होने का,
आसमाँ भी करता है गर्व,
जहाँ हर्षोल्लास के साथ बनाया जाता है हर पर्व,
जहाँ गीता से मिला कर्म का उपदेश,
कर्म के परिणाम की चिंता नहीं करता ये देश,
शान्ति की महिमा मंडित करता है जो राष्ट्र,
शहीदो की कुर्बानी से बना स्व राष्ट्र,
पूरे विश्व मेँ फैली है इस की शान ,
जहाँ भारत माँ के लाल आतुर हैं, बढ़ाने को इसका सम्मान,
कैसे करूँ इस पवित्र धरा का बखान,
जहाँ कण कण में बसी है आत्मा महान,
देवों ने भी लिया अवतार इस धरती पर,
जहाँ मां के दूध का कर्ज उतार देते हैं , लाल अपनी बलि देकर
सुख दुख सांझा करते हैं, नहीं है अपने पराये का भेद,
विभिन्नता में भी है एकता,नहीं है मन में कोई भेद,
आज विश्व कर रहा इस राष्ट्र का सम्मान,
ऐसा है मेरा भारत महान,
मेरा भारत महान।

देखा है अक्सर

देखा है अक्सर खुद को खुद से हारते हुए
देखा है अक्सर, नेकनीयती को बदनीयती से हारते
हुए
देखा है अक्सर, ज़िंदगी की चौपड़ मे
कुछ अपनो को शकुनि की चाल चलते हुए
देखा है अक्सर, माता को कुमाता का रुप धरते हुए
देखा है अक्सर बाप बड़ा ना भैया सबसे बड़ा रूपया
इस बात को सच होते हुए
देखा है अक्सर लाडली बहन को ही
सूपरणखा का रूप धरते हुए
देखा है अक्सर, खून को ही खून को छलते हुए
पराये तो यूं ही पराये कहलाते हैं
देखा है अक्सर, अपनो को ही पराया होते हुए

कुछ बढ़े लोग

क्या बात बात पर अपनी औकात दिखाते हो यारों,
कभी तो हदों में नजर आया करो,
ओहदा बडा है तुम्हारा
थोड़ा दिल भी बढा दिखाया करो।
जल भुन जाते हो किसी की शख्सियत देखकर,
क्यूँ छोटे बनते हो किसी का बडप्पन देखकर,
अपनी हरकतों से शर्मिन्दा करते हो अपने संस्कारों को
अपने खानदान का पता दे देते हो अनजानो को ।
अपनी ईर्ष्या छुपाया करो यारों
कभी तो तहजीब से पेश आया करो।
बात बात पर यूँ अपनी औकात दिखाया ना करो,
कभी तो हदों में नजर आया करो।

मेरा सपना

एक सपना मै रोज देखती हूँ
ऐसे जहाँ की आशा करती हूँ
प्यार ही प्यार हो जहां
तकरार की गुंजाइश ना हो वहां
जमी को सरहदो ने ना बाटा हो
ना इन्सानो ने इन्सानो को काटा हो
तेरे ना मेरे की गणना हो
बस इन्सानियत का सवेरा हो
स्वार्थ की परिभाषा ना आती हो
मानवता की लक्ष्मण रेखा सुहाती हो
जहा नफरतो के अंधेरो ने डाला
ना हो डेरा,
और प्रेम का फैला हो चारों ओर सवेरा ,
एक ऐसे ही जहां की आशा करती हूँ,
एक सपना मैं रोज देखती हूँ।

पहले मैं बेटी थी

सात फेरों के बाद जानें, कैसे बदल गई ,
पहले मैं बेटी थी, अब बहू बन गई,
अपने कन्यादान से पहले सुनती थी, पैरों को हाथ मत
लगाओ,
अब चरण स्पर्श कर बढ़ो से आशीर्वाद पाने की
कामना जग गई,
पहले मैं बेटी थी, अब बहू बन गई,
रसोई में जाने से जी घबराता था,
दालों को पहचानना भी
नहीं आता था,
इधर- उधर से पूछकर स्वादिष्ट व्यंजन पकाने की
लग्न लग गई,
पहले मैं बेटी थी,अब बहू बन गई ,
जेवर और साडी से मन कतराता था ,
पाश्चात्य जीवन जी को खूब भाता था,
अब साडिया मन को लुभाती हैं ,
और बिन्दी व सिन्दूर की आदत पड़ गई,
पहले मैं बेटी थी, अब बहू बन गई,
माँ से जिद करना, उनका काम में हाथ ना बाँटना,सब
खूब आता था,
अब पहले से पहले काम करने की और हाँ में हाँ की
लत लग गई,
पहले मैं बेटी थी, अब बहू बन गई,
रात में जागना, सुबह देर तक सोना,ना जाने सब
मस्ती कहाँ गुम हो गई,

समय पर सोना जागना मेरी जिम्मेवारी बन गई,
पहले मैं बेटी थी,अब बहू बन गई।
ग्रहस्थ आश्रम की एक महत्वपूर्ण रेखा बन गई,
पहले मैं बेटी थी, अब बहू बन गई।

प्रभु ,रहमत कर दे

हे प्रभु मुझ पर बस इतनी रहमत कर दे
मेरा मन एक नन्हे बालक जैसा कर दे
जोड़ घटा गुणा भाग सब गणित भूल जाऊं
पापी मन से छल की गिनती को नष्ट कर दे
गणना करू भूत ना भविष्य की
मेरी गतिशील मति की गति को थोड़ा कम कर दे
ज्ञान यदि हो धन और अभिमान का
ऐसी कुबुदधि को भ्रष्ट कर दे
हे प्रभु, मुझ पर इतनी दया कर दे
मेरा मन नन्हे बालक सा निष्कपट कर दे ,
ईर्ष्या और बैर की भावना मन से निकाल दे, मन को
गंगाजल सा पवित्र कर दे,
झूठ और क्रोध से परे रहूँ, बालक जैसी भोली मुस्कान
कर दे,
हे प्रभु मुझ पर इतनी रहमत कर दे ,
हे, प्रभु मुझ पर इतनी रहमत कर दे

हे, स्त्री

हे स्त्री ,कल तुम्हारे मन को अच्छे से पढ़ रही थी,
तुम भी अपनी कशमकश से गुज़र रही थी,
तन से तो यही थी तुम,
मन से कही गुम थी तुम,
तुम कोशिश कर रही थी,
अपने अन्तर्मन की जद्दोजहद छुपाने की,
पर चेहरे को तो आदत है सब कुछ बताने की,
तुम्हे देखकर मैं समझ गयी,
कैसे तुम ग्रहस्थी मे उलझ गयी,
अपनी घर ग्रहस्थी के आगे सब छोड़ देती है,
लाख चिंता छुपाकर अपनो की खातिर मुस्करा देती है,
थकान के कारण रसोई पकाने का मन नही है,
पर हँसते-हँसते, सबको स्वादिष्ट भोजन परोस देती है,
आंखो में नींद ना आना ,ना जाने कितनी रातों से जारी है,
उस पर अपनों के सपने पूरे करने की इच्छा तुम पर भारी है,
इतने अभिनय इतने रंग तो
रंगमंच पर भी नही दिखते,
जितने जीवन के रंग तुम समेटे बैठी हो,
हे स्त्री, तुम जीवन की हर कला में निपुण हो,
तुम तो मन विजयी और कर्तव्य परायणता से परिपूर्ण हो,
तुम स्वयं ही पूर्ण हो,
तुम स्वयं ही पूर्ण हो।

हकीकत

झूठ की मिट्टी में गढ़े पेड़ हरे भरे हो गए,
जब-जब सच से सींचने की कोशिश की,
तब तब सूखे तने हो गए,
छल कपट और दिखावे से सौ रिश्ते खड़े हो गए,
जब-जब दिल से अपनाने की कोशिशें की,
तब तब दोस्त भी दुश्मन हो गए,
ना जाने कैसे मनों में मनमुटाव हो गए,
जब-जब सुलझाने की कोशिशें की,
तब तब अपने ही गैर हो गए,
हालातों से लड़ते झगड़ते दिल पर घाव हो गए,
जब-जब जख्मों पर मरहम लगाने की कोशिशें की,
तब-तब ये नासूर हो गए,
ऐ,खुदा तेरी दुनिया में इंसा कैसे कैसै हो गए,
जब जब इंसानियत याद दिलाने की कोशिशें की,
तब तब और हैवान हो गए।

रस्में निभाए

आओ, ज़िंदगी की यूँ रस्में निभाएं ,
कुछ तुम मुस्कुराओ, कुछ हम मुस्कुराए।
खुशियाँ तो बाँटी सभी ने बहुत,
आओ, गमों में हम साथ निभाए।
कुछ तुम मुस्कुराओ, कुछ हम मुस्कुराए।
बीच भँवर में फंसी है किश्ती,दूर है किनारा तो क्या ,
एक छोर तुम सम्भालो ,एक पतवार हम चलाए,
चलो, यूँ ज़िंदगी की रस्मे निभाए,
थोड़ा तुम मुस्कुराओ, थोड़ा हम मुस्कुराए।
कलियों से सजाया बहुत अपनी बगिया को,
पतझड के मौसम से आज इसको बचाए,
थोड़े थपेड़े तुम झेलो, थोड़ा बसंत हम ले आए,
आओ ज़िन्दगी की यूँ रस्मे निभाए,
छूटा है बहुत कुछ, ना छूटेगी हिम्मत,
थोड़ा सब्र तुम धरो, थोड़ा धीरज हम लें आए ।
कुछ तुम मुस्कुराओ, कुछ हम मुस्कुराए ,
आओ, ज़िंदगी की यूँ रस्में निभाए

सफर हिम्मतों का

अभी कहाँ ठहर जाऊँ, अभी तो सफर जारी है।
मेरी हिम्मतों के दौर का इम्तिहान जारी है।
संग हर्ष के मेरा संघर्ष दर-बदस्तूर जारी है।
किस्मत को कोस कर यूँ ही बैठ जाऊँ,
अभी भी कर्म की भाषा पर विश्वास जारी है।
जमीं को भी नापने की कोशिश की हमने,
अब आसमान को छूने की कोशिश जारी है।
हिम्मत मेरी ना टूटी ना टूटेगी ,
हौंसलौ की उड़ान जारी है।
ईश्वर हाथ पकड़कर यहाँ तक लाये हैं,
कल भी दिल को ये तसल्ली थी,
आज भी ये तसल्ली जारी है।
आज नहीं तो कल होगी अपनी जीत,
मेरी जीतने की जिद जारी है।
अभी कहाँ ठहर जाऊँ,
मेरा सफर अभी जारी है।